LIFE IS A CIRCUS

서커스보이밴드 지음

PROLOGUE

Circus boy band
sings underground and plays
the various colors

'아무런 정보 없이 이름을 들었을 때
우리 브랜드가 음악을 하는 밴드처럼 보였으면 좋겠다!'
2008년경 브랜드를 새롭게 시작하고,
이름을 무엇으로 할지 고민하면서 이렇게 생각했습니다.

실제로 노래하고 연주하는 밴드는 아니지만
좋은 음악을 듣거나 공연을 즐길 때처럼
우리의 작업이 사람들을 즐겁게 하고, 때로는 위로하기를 바랐습니다.

우리를 다양한 색을 연주하는 밴드라고 소개하고 싶어요.
'이런이런 모습을 보여 줘야겠다'라고 하나의 이미지를 정해 두기보다는
그때그때 우리가 좋아하는, 또는 표현하고 싶은 것을 전부 그려 보려고 합니다.
그리고 이렇게 작업한 결과물을 많은 분이 좋아하고,
응원해 주는 가슴 벅찬 경험을 하고 있습니다.
그간의 작업 중 특히 사랑받은 31개의 아트워크를
포스터&컬러링북으로 모았습니다.

《Life is a Circus》라는 제목처럼
일상에서 다채로운 순간을 발견하고,
직접 완성하는 경험을 여러분께도 드리고 싶습니다.
그리고 여러분이 색칠한 그림들을 자신의 공간에 걸어 놓고,
편안한 마음으로 즐길 수 있다면 더할 나위 없이 좋겠습니다.

서커스보이밴드 드림

step 1

기분 좋은 시작

호랑이의 줄무늬

푹 빠져들어요

오늘은 컬러풀!

인생은 나의 무대

step2

기념일보다 기념일 이브

전부 내 감정

어른들의 문방구

취향 존중의 시대

여행 메이트

표현하는 마음

1등 말고
그냥 하는 사람

인생은 서커스처럼!

step3

특급 배달 서비스

선물은 나야!

깨짐 주의

크리스마스 계획

트릿 오어 트릭!

COLORING

01

기분 좋은 시작

Theater Oree new year

딱 하루 차이인데 12월 31일과 1월 1일은 참 느낌이 달라요.
새해 첫날에는 정말로 뭐든 할 수 있을 것 같은 기분이 들어서
목표를 하나라도 더 세우게 되잖아요!
일을 마무리하고 새롭게 시작하려면 계기가 필요해요.
그게 1일이 존재하는 진짜 이유 아닐까요?

COLORING

step 1

COLORING

02

호랑이의 줄무늬

Theater Horangi

그거 아세요? 호랑이들은 언뜻 똑같아 보이지만,

전부 무늬와 생김새가 다르대요.

내가 호랑이라면 어떤 줄무늬를 가지고 있을까요?

어떤 모습이든 용맹해 보이는 건 마찬가지겠지만요.

福
福
福

COLORING
03

푹 빠져들어요

Spaceman

무언가를 좋아하게 됐다면, 두려워하지 말고 푹 빠져들어요.
다른 우주를 탐험하는 것만큼
나의 우주를 잘 알게 되는 방법도 없으니까요.

CBB THEATER

COLORING

04

오늘은 컬러풀!

Theater Oree Flamingo

따뜻하고 화창한 날, 알록달록하고 향기로운 나무와 풀 사이를
느긋하게 거니는 나의 모습을 상상해 봐요.
오늘은 정말 그런 하루가 될 거예요.

I SWIM INTO THE UNIVERSE

SPACEMAN

COLORING
05

인생은 나의 무대

Theater Komee panda

매일 자신만 오를 수 있는 무대에서 공연하는 중이라고 여기면
좋은 일은 더 좋게 느껴지고, 나쁜 일은 참을 만해져요.
유독 운이 좋은 날이면 '역시 주인공이 하는 일은 다 잘 풀려!' 라고,
가끔 어려운 일이 있어도 '주인공에게 시련이 닥치는 건 당연해' 하고 받아들이면 되니까요.

CBB THEATER

COLORING

06

내 마음의 색깔

Kitty hug

무슨 색을 좋아하세요?
이 색과 저 색이 어울릴지, 하나의 그림에 너무 많은 색을 쓰는 게 아닌지
고민하지 말고 일단 좋아하는 색을 전부 꺼내서 색칠해 봐요.
내 마음의 색으로 채워진 그림이 완성될 거예요.

CBB THEATER

COLORING

07

나를 정의하는 말

Forestman

게임에서는 일정 조건을 달성하면 나를 돋보이게 하는 '칭호'를 얻어요.
마찬가지로 나를 한 문장으로 정의해 보면 어떨까요?
예를 들면 '숲과 나무를 사랑하는 포레스트 맨!'
멋진 칭호를 자신에게 선사하세요.
내가 되고 싶은 모습이어도 좋아요.

KITTY HUG

COLORING

08

마음속의 새싹

Vase Oree

식물에 햇볕을 보여 주고, 물을 주며 가꾸는 것처럼
자주 내 마음을 들여다보고, 잘했다며 아낌없이 칭찬해 줘요.
어느새 마음속에 작은 싹이 트고, 쑥쑥 클 거예요.
새싹이 커다란 나무로 자라면 든든하고, 알록달록한 꽃이어도 근사하지 않을까요?

Forest Man
CBB
CBB
C BB

COLORING

09

기념일보다 기념일 이브

Bear hug Holiday

생일이나 크리스마스 같은 기념일은 바로 그날만큼이나
뭘 할지 계획하며 기다리는 시간이 즐거워요.
선물을 고르고, 트리를 꾸미고, 카드를 쓰는 그 모든 순간이
기념일 아닐까요?

COLORING

step 2

COLORING
10

전부 내 감정

Theater Oree

애니메이션 〈인사이드 아웃〉을 보면 기쁨 외에도
슬픔, 버럭, 까칠, 소심까지 수많은 감정이 모여 내가 되잖아요.
마찬가지로 잘하는 일과 못하는 일, 싫어하는 것과 좋아하는 것, 약점과 강점 등
모두가 전부 나라고 인정하면 '나는 왜 못할까?' 하는 마음에
자책하는 일이 줄어들어요.

HAPPY CHRISTMAS

C
BB

내 마음의 색깔

나를 정의하는 말

마음속의 새싹

다름의 미학

나만의 우주

대화가 필요해

하루 한 번의 포옹

수집가

우주를 여행하는 상상

산타가 필요해!

동네 탐험

뭐든 될 수 있어!

장점 찾기

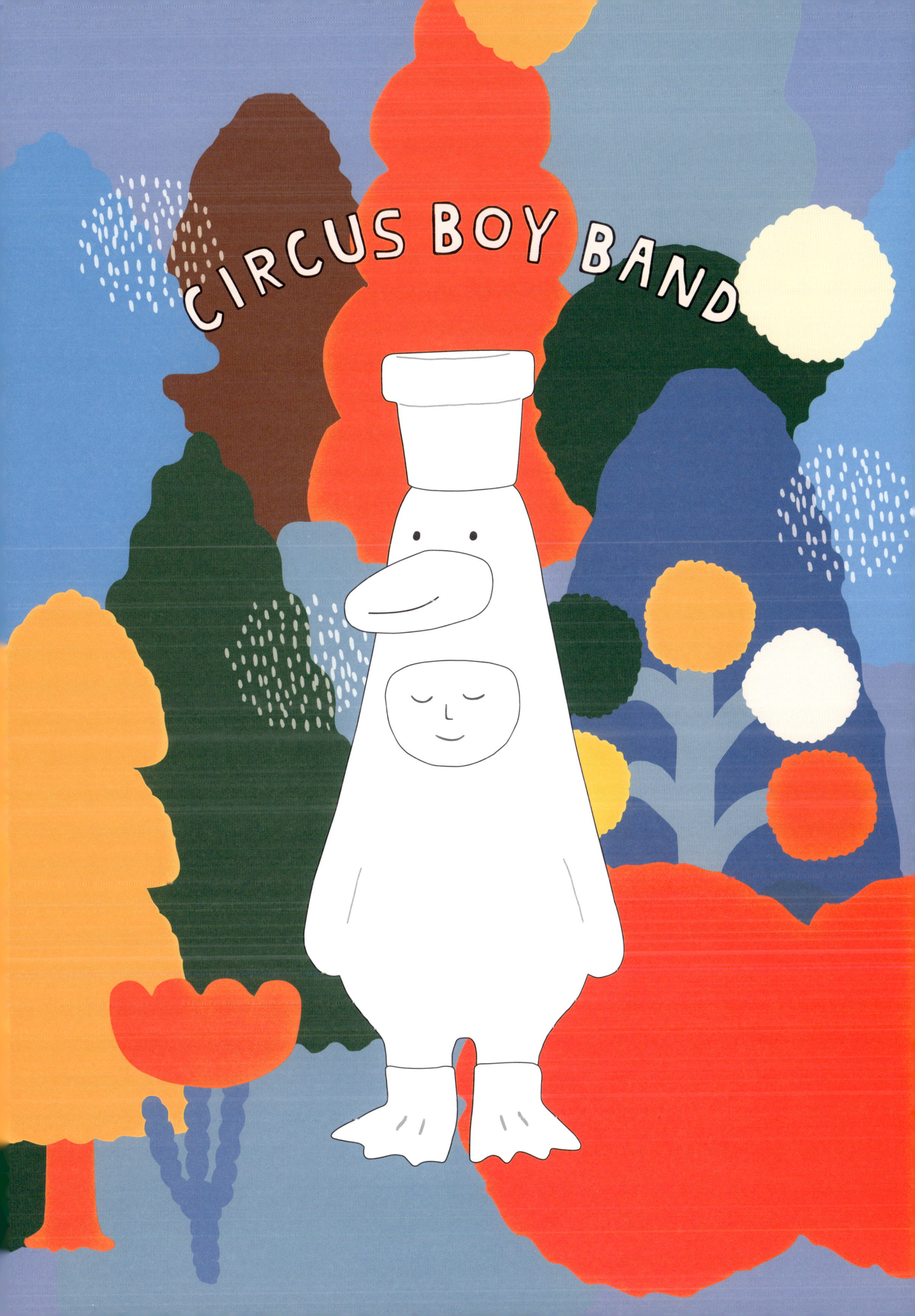
CIRCUS BOY BAND

ORGANIC
CBB CONVENIENCE STORE
CBB
SNACK

CBB Theater Oree

COLORING

11

어른들의 문방구

Convenience Store

어렸을 적 꿈은 문방구 주인이었는데요,
요즘은 가끔 편의점 주인이 되고 싶어요.
갈 때마다 신기하고 새로운 간식으로 채워져 있어서
들어설 때마다 설레는 공간이에요.

CBB CVS
CBB
CONVENIENCE
STORE
OPEN
CBB
new
SNACK
Staff
Dr.
CLEAN
100% NATURAL

COLORING

12

취향 존중의 시대

Convenience Store

커피맛 콜라, 콘스프맛 우유, 후추맛 아이스크림 등…….
매달 등장하는 '이 달의 새로운 맛'!
가끔 '누가 먹어?' 싶은데 인기 많은 제품도 있는 걸 보면,
취향은 정말 다 다른가 봐요.
남이 좋아하는 걸 존중하고, 내가 좋아하는 것도 있는 그대로 인정받고 싶어요.

CBB CONVENIENCE STORE
OPEN
new
Dr. CLEAN
100% NATURAL
clean
100% NATURAL
Best
good morning cereal
ORGANIC
POP CORN
FRESH AND DELICIOUS
CBB
Staff
FRESH
TOMATO
FRESH KETCHUP
ORGANIC
FRESH
HONEY MUSTARD
CBB
BEST BEFORE → TOMORROW
milk
FARM TO HOME
BEST BEFORE → TOMORROW
milk
FARM TO HOME
BEST BEFORE → TOMORROW
milk
FARM TO HOME

COLORING
13

여행 메이트

Space Travel

혼자 여유를 즐기는 여행도 매력 있지만,
마음이 맞는 친구들과 함께하는 여행도 정말 즐겁죠.
각자 준비물을 챙기고, 역할을 정해서 도란도란 여행을 떠나 봐요!

CBB
SPACE TRAVEL
CBB
C
B
B
SPACE
TRAVEL

COLORING
14

다름의 미학

Forest Club

나이, 하는 일 등 공통점이 없는 사람들과 함께하는 모임이 있나요?
가끔 아주 친한 친구나 가족보다
느슨하게 얽힌 인연에게 더 위로받을 때가 있어요.
처음부터 마음의 벽을 쌓지 말고, 우연한 만남도 소중히 이어나가 봐요.

CBB THEATER
FOREST CLUB
Soongee
Namoo
Yowoo Orange
Yowoo white
Tokee Pink
Oree Fedora
Tokee white
Yang white
Owl
Staff
Yang Sky
Follower Forest

COLORING

15

나만의 우주

Space Travel Robot blue

나의 우주는 어떤 것들로 구성되어 있나요?
뭘 좋아하는지 가능한 한 구체적으로, 아주 사소한 것까지 적어 봐요.
좋아하는 걸 미리 알면, 힘들 때 시선을 돌릴 대상도 많아지는 거니까요.

SPACE TRAVEL

COLORING

16

대화가 필요해

Theater Oree

다 안다고 생각하는 사이일수록 상대를 무심코 나와 똑같다고 여길 때가 있어요.

막상 뜯어 보면 다른 점이 참 많은 데도요.

원래는 같았지만 시간이 흐르며 달라지는 점도 있죠.

가끔은 상대에게 요즘은 뭘 좋아하는지, 어떤 책이나 영화를 봤는지,

고민은 없는지 물어 보면 어때요? 관계를 오래 지속하는 데 도움이 될 거예요.

CBB THEATER

COLORING

17

하루 한 번의 포옹

Bear hug boy

무언가를 가만히 안고 있으면 마음이 편안해져요.
지친 하루의 끝에 꼬옥 껴안을 존재가 있다면
나는 충분히 행복한 사람이랍니다.

COLORING

18

수집가

Circus boy band

무언가를 모으는 걸 좋아하세요?
좋아하는 것들을 수집하다 보면 어느새 나만의 작은 세계가 만들어져요.
오롯이 나의 취향으로 가득한 세계를 들여다보면 마음이 꽉 차 뿌듯해지기까지 해요.
가장 모으고 싶은 게 있다면 '무언가를 좋아하는 마음'일 거예요.

CIRCUS BOY BAND
CBB THEATER
Oree
SPACE TRAVEL
CBB Robot-blue
SPACE TRAVEL
Roket boy-Yellow
CBB THEATER
Kokiree-Yellow
CBB CONVENIENCE STORE
Red Apple
CBB CONVENIENCE STORE
Dr. CLEAN
Dr. Clean-Gray
CBB THEATER
Komee-Panda
CBB CONVENIENCE STORE
MILK
Milk
SPACE TRAVEL
Planet boy-White
CBB
SPACE TRAVEL
Spaceboy-Pierrot
CBB CONVENIENCE STORE
CBB
Staff
Oree-Staff
CBB THEATER
Kooree-Green

COLORING
19

표현하는 마음

Theater Valentine Kokiree choco

밸런타인데이 초콜릿이 유난히 달콤하게 느껴지는 이유는
선물한 상대의 마음이 담겨 있어서가 아닐까요?
용기 낸 마음까지 꿀꺽 삼켜 봐요!

HAPPY
St. VALENTINE'S DAY
Hope you will be my Valentine

COLORING

20

1등 말고 그냥 하는 사람

Theater

1등만 가치 있다고 여긴 적이 있어요.

지금은 무언가를 처음부터 끝까지 해냈다면, 그 자체로 대단하다고 생각해요.

잘하려고 고민하는 대신 '일단 그냥' 하다 보면

결국은 무언가가 되어 있더라고요.

CBB THEATER

COLORING

21

인생은 서커스처럼!

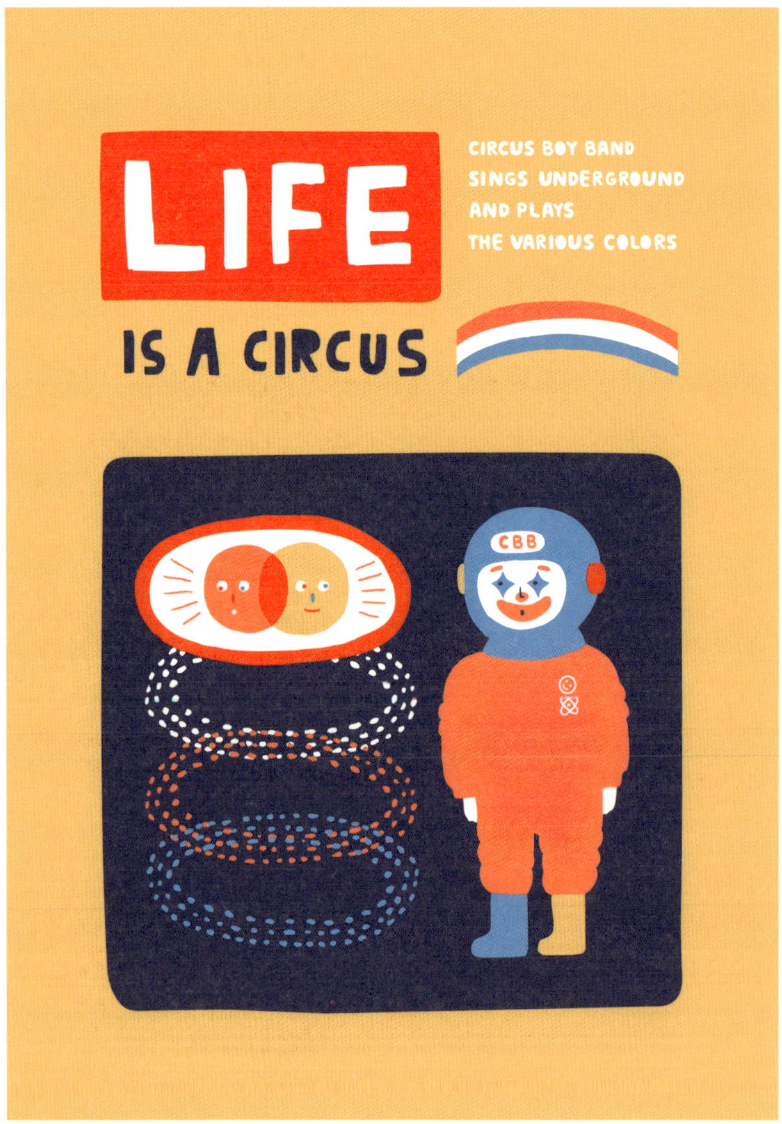

Life is a circus

인생에는 즐거운 시간만큼 힘든 순간이 있겠지만,
결국 하나의 멋진 장면으로 남을 거예요!
긴장감 넘치는 무대와 화려한 색깔이 모여서
하나의 거대한 서커스로 기억되는 것처럼요. 그러니 인생을 서커스처럼 즐겨요!

LIFE IS A CIRCUS

CIRCUS BOY BAND
SINGS UNDERGROUND
AND PLAYS
THE VARIOUS COLORS

FRAGILE
VICE
Hello
SOLD OUT
CBB EXPRES
HANDLE WITH CARE
WARNING
HANDLE WITH CARE
Cbb
LIKE
PASSED

COLORING

step 3

COLORING

22

특급 배달 서비스

Express Staff

지금 당장 필요한 게 있으세요?
사랑, 꿈, 달콤한 간식, 잠, 친구, 잠깐의 여유나 쉴 공간…….
필요한 건 뭐든 배달해 드리는 서커스보이밴드 특급 배달 서비스입니다!
다 준비해 놓을게요. 걱정은 잠시 접어 두고 편히 쉬어요.

DO NOT OPEN WITH A KNIFE
Hello
FRAGILE
HANDLE WITH CARE
CBB EXPRESS SERVICE
CBB EXPRESS SERVICE
CBB EXPRESS
52
CBB EXPRESS SERVICE
CBB EXPRESS SERVICE
WARNING
FRAGILE
FRAGILE
PASSED
SOLD OUT

COLORING

23

선물은 나야!

Express Parcel

머리에 커다란 리본을 두르고 "선물은 나야!" 하며 등장하는
로맨틱 코미디 영화 속 주인공처럼 오늘은 나를 선물해 보세요.
위로가 필요한 친구, 야근 중인 연인, 오래 못 본 부모님을 만나러 출발!
나의 존재 자체가 기쁨이니까요!

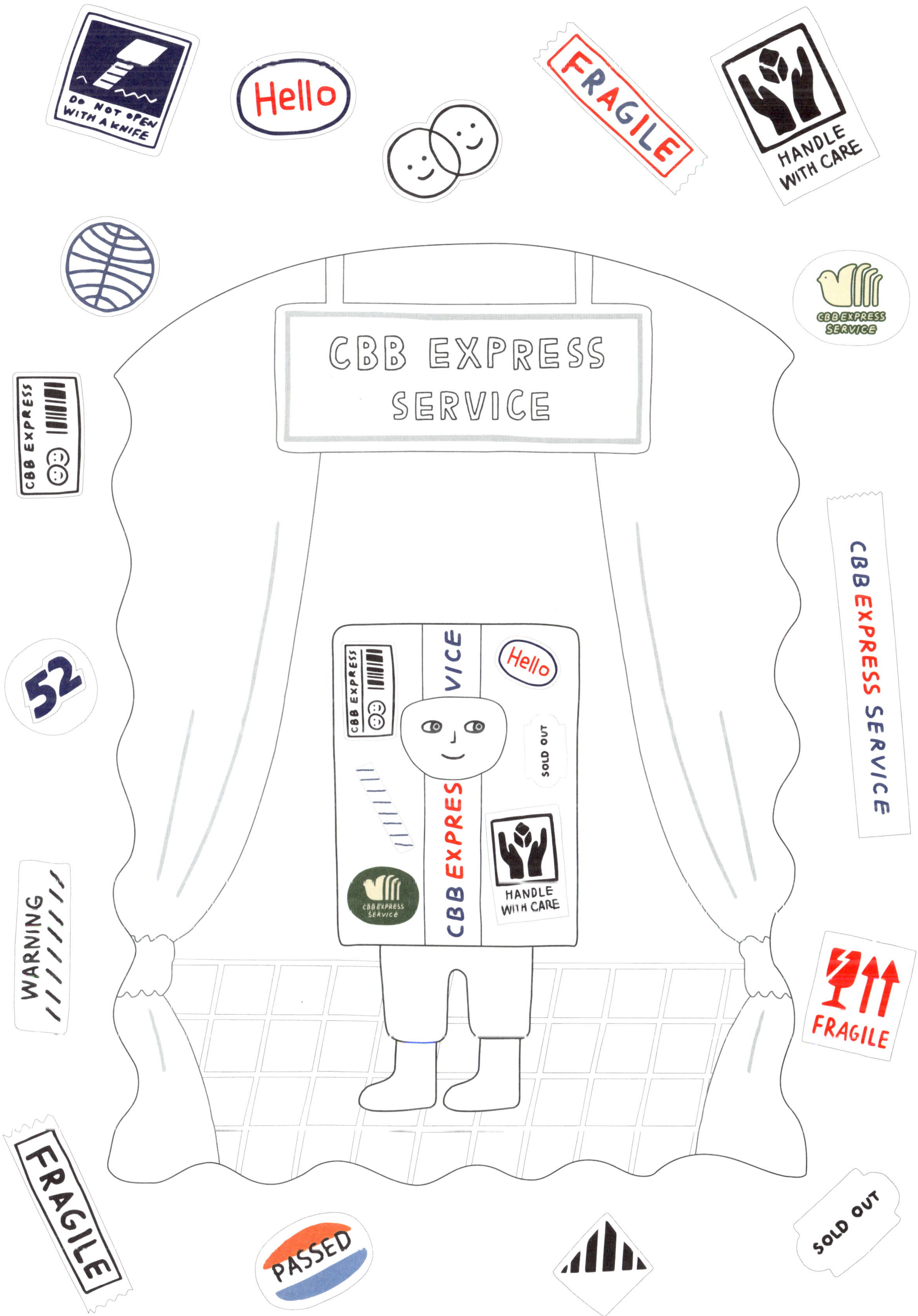
DO NOT OPEN WITH A KNIFE
Hello
FRAGILE
HANDLE WITH CARE
CBB EXPRESS SERVICE
CBB EXPRESS SERVICE
CBB EXPRESS
52
CBB EXPRESS SERVICE
VICE
Hello
CBB EXPRESS
SOLD OUT
CBB EXPRES
CBB EXPRESS SERVICE
HANDLE WITH CARE
WARNING
FRAGILE
FRAGILE
PASSED
SOLD OUT

COLORING
24

깨짐 주의

Theater Oree Stickerboy

더 잘해야 하니까, 남들에게 미움받을까 봐 등
나중에 생각해 보면 별것도 아닌 이유 때문에
무심코 나에게 상처 주고 있지는 않나요?
나는 깨지기 쉽고, 소중하니까 조심해서 다뤄요.

CBB THEATER
HANDLE WITH CARE
THIS WAY UP
PASSED
52
LIKE
FRAGILE
WARNING
SMILE
RECYCLE
FRAGILE
HANDLE WITH CARE
Cbb Fresh
Circ
Cbb
SECURITY SEAL
CBB
SOLD OUT

COLORING

25

크리스마스 계획

Theater Xmas Komee

크리스마스에 뭘 하며 보낼지 정했나요?
분위기 좋고 근사한 레스토랑에서 저녁 먹기?
예쁘고 맛있는 케이크 자르기? 따뜻한 방에 누워서 편안하게 보내기?
뭐든 최고의 선택이네요!

HAPPY CHRISTMAS

COLORING

26

트릿 오어 트릭!

Theater Oree Halloween

헬러윈데이는 신기한 날이에요.

으스스한 분장을 하고, 장난을 치는 것도 허락되는 날이잖아요.

설마 우리 사이에 유령이 숨어 있는 건 아니겠죠?

그래서 과자를 줄래요, 아니면 장난을 칠까요?

CBB THEATER
HAPPY
HALLOWEEN

COLORING
27

우주를 여행하는 상상

Space Travel Secret

우주에 간다면 뭘 하고 싶으세요?
끝없이 펼쳐진 까만 공간을 걷거나 목적 없이 둥둥 떠다니는 것도 좋겠죠.
꼭 한 가지 하고 싶은 건
고개를 돌려 우리 집이 있는 지구를 바라보는 일입니다.

CBB
SPACE TRAVEL

COLORING
28

산타가 필요해!

Theater Staff Happy christmas

이제는 산타클로스를 믿지 않는데도
크리스마스가 다가오면 어김없이 산타를 기다리게 돼요.
근사한 선물보다 착한 일을 했다고
오롯이 인정해 줄 누군가가 필요한 건지도 모르겠어요.

HAPPY CHRISTMAS

COLORING

29

동네 탐험

Yowoo

삶이 지루하다면, 탐정이 된 기분으로 준비물을 챙겨 밖으로 나가 볼까요?
두툼한 트렌치 코트를 입고,
카메라와 작은 노트를 든 채 동네 구석구석을 거닐며 처음 보는 것을 기록해 봐요.
일상도 두근두근 모험의 공간이 될 거예요.

FC
N
S
WHERE
PASS
FOREST
CLUB
FC

COLORING
30

뭐든 될 수 있어!

Theater Oree

나는 특별히 잘하는 것도, 남들보다 더 좋아하는 것도 없는
흰 도화지 같아서 고민한 적이 있어요.
그리고 지금은 알아요. 흰 도화지에는 뭐든 그릴 수 있고,
나는 무엇이든 될 수 있다는 사실을요!

CBB THEATER

COLORING

31

장점 찾기

Life is a circus

나의 장점은 뭔가요? 아무리 사소해도, 대단하지 않아 보여도
남들보다 조금이라도 잘하는 거라면 뭐든 괜찮아요.
처음에는 떠올리기 힘들겠지만, 숨은그림찾기를 하듯 찾다 보면
나의 장점이 점점 더 많이 보일 거예요!

LIFE IS A CIRCUS
CBB

LET'S PLAY!

실선 부분을 가위로 자른 뒤 캐릭터 하단의 점선 부분을 앞쪽으로 접어 주면,
간단하게 나만의 종이 스탠딩 피규어가 완성돼요. 책상 위에 귀엽게 장식해 보세요!

서커스보이밴드 Circusboyband

일상적인 경험과 상상 속의 이미지를 꼴라주하여
일러스트, 그래픽, 제품디자인의 형태로 이야기하는 디자인 스튜디오.
독특한 분위기와 밝고 경쾌한 색상으로 많은 사랑을 받고 있습니다.
아트토이(피규어)를 비롯해 서커스보이밴드만의 색을
생활에 적용할 수 있는 다양한 제품을 만듭니다.

Ⓗ www.circusboyband.com
www.instagram.com/circusboyband

LIFE IS A CIRCUS

초판 1쇄 발행 2023년 4월 24일

지은이 서커스보이밴드
펴낸이 허대우

기획 편집 이정은
디자인 도미솔
영업·마케팅 도건홍, 김은석, 김정훈, 한아름, 양아람
경영지원 박상민, 안보람, 김병수, 황정웅

펴낸곳 ㈜좋은생각사람들
주소 서울시 마포구 월드컵북로22 영준빌딩 2층
이메일 jelee@positive.co.kr
출판등록 2004년 8월 4일 제2004-000184호

ISBN 979-11-87033-19-6 (13650)

좋은생각은 긍정, 희망, 사랑, 위로, 즐거움을 불어넣는 책을 만듭니다.

positivebook_insta Ⓗ www.positive.co.kr